ख़ामोश चेहरा

प्रसाद केलकर

ISBN 979-888555676-7

मेरे आई और बाबा को...

क्रम-सूची

क्रम-सूची

1. लेखक

पिंजरे में है कोई तो
घुटन मुझमे
उसके आझादी के जुड़े
पर है मुझमे

कोई सड़कों पर शोर मचाये
पसंद नही मुझे
दागदार स्याही की
आवाज है मुझमे

पेच, मुक्केबाजी, गाली गलौच
कुछ भी नही
गलें काटे मेरे लिखे पन्ने
घमासान है मुझमे

छीननी हथोड़े से सख्त पत्थर
कभी नही टूटता
श्याही के गीलेपन की
दरार है मुझमे

क्या चल रहा है इर्दगिर्द
कुछ पता नही
हर एक चीज़ और पल की
तस्वीर है मुझमे

इस दीवार के बाद लोगों को
कुछ नही दिखता
हद के पार देखने वाली
नजर है मुझमे

जिसके कोई अक्स का
पता ही नही
उसी की छुपी हुई
पहचान है मुझमे

खुद से बड़ा कोई जब
होता ही नही
सच से रूबरू करानेवाला
आईना है मुझमे

इंसानी कठपुतलियाँ जब
कहानी तराशे
अलग अलग चेहरों के अलग
किरदार है मुझमे

2. चाह

निकटता तेरी कितनी भी हो ज्यादा
मेरी आँखें धुंदली होना चाहती है
चाहे तू इस हवा में महके
मेरी साँसे थंबना चाहती है

मधुर संगीत सी तेरी आवाज
अब मेरी कानों में चुभन सी लगती है
और चाहे हो हर जगह तेरी भ्राति
मेरी पलके उसे नजरअंदाज करना चाहती है

सुहाने मेरे सपनो में तुम
मेरी जिंदगी उदासीन सी लगती है
सपनों में तुम मुझे तरसाना चाहती हो
और मेरी आँखें बंद होने से इनकार करती है

इस मेरे तुम्हारे फ़ासलो में
मेरी जिंदगी सँवारना चाहती है
पर तुम इस कदर आसपास मंडराती हो
की तुम्हारी यादें मुझमे बसना चाहती है

प्रतिभाबद्ध हुए हम दो कभी
वचनों से मुकरना चाहते है
कुछ छुपे राज और बातें कही
अब सब कुछ भुलाना चाहते है

अधिकार जताने वाले एक दूसरे से
अब यू अनजान रहना चाहते है
टकराये किसी मोड़ पे जब कभी
अपने अपने रास्ते बढ़ना चाहते है

मशवरों के बिना एक दूसरे से
अब हम एकदम से फैसले लेते है
नतीजों की परवाह ना करते
बस अक्खड़पन में जीते है

अनजान बनने का सिलसिला अब
यू मुसलसल रहना चाहता है
अपना मिलना एक भयानक सपना था
मेरा मुकद्दर यही समजना चाहता है

3. ख़ामोश चेहरा

यह ख़ामोश चेहरा सुबह श्याम का
कभी शोर शराबा मेरे खयालों का
ख़तम तो होगा ना कभी

मिले थे उन हसीन पलों में हम
पलों पलों में इस पलको को भिगाना
ख़तम तो होगा ना कभी

कितने हसीन पल थे जो गुजर गए
अब हर घड़ी तुम बस तुम याद आना
ख़तम तो होगा ना कभी

मसला है ये जिंदगी का मेरे
सीधी सी रास्तो में खुद को उलझाना
ख़तम तो होगा ना कभी

चलता ही जा रहा हु मैं मुद्दतो से
ये झूठा राहतो का ठिकाना
ख़तम तो होगा ना कभी

गूंज, चीख़, पुकार सुनता ही रहा मैं
गुजरती हुई ख़ामोशी का बहाना
ख़तम तो होगा ना कभी

जिंदगी कितनी आसपास हो तुम मेरे
उजड़ी हुई नींद मेरी ख्वाबों का नज़ारा
ख़तम तो होगा ना कभी

अब आखरी पन्नों में मेरे जीवन के
अल्फ़ाज़ मेरे आंसू से भीगाना
ख़तम तो होगा ना कभी

4. दर्द

आँखों के तेरे गिरफ्तारी में
संगीन यह मेरा गुनाह था
के इस जुर्म की रिहाई में
मुझे खुद को भूल जाना था

तेरे यादों के बचाव में
लापरवाह यह संदूक था
मिला बरसों बाद कही पड़ा
याद आने को बेहद मुश्किल था

तेरी आहटों के दिशा में
हवा का कोई तो दोष था
इस भ्रमों में न फसे
मुझे लौट जाना ही बेहतर था

बरसों के मुलाकातों से
अब रास्तों में अलग होना था
पीछे मुड़कर पल भर में
अपने पलकों को मिलना था

बनावटी कहानियों से अब
मतभेदों में इजाफा होना था
इस रिस्तों के अधूरेपन में
जब विश्वास का हुनर टूटना था

सपनों के घने जंगल मे
कल्पनाओ का अंधेरा होना था
हकीकत से असीम दूरी में
झूटी जिंदगी से मुझे प्यार होना था

5. आखिरी वक्त

बेलगाम ख़यालों की दौड़
सन्नाटों से गुफ्तगू करता वक़्त

तेज दिमाग फिक्र ही होड़
धीमे धीमे जमता हुआ रक्त

थरथराती फिक्र का एहसास
कही गहरा बहता हुआ घाव

भूली बिसरी रफ्तार साँस
खाई की और चलते पाँव

कही बेरोक असहनीय तड़प
रोती चीखती चिल्लाती गूंज

मर मार डालने की सनक
जल जलती हुई प्यास भूख

जख्मों से भरा भरा मरीज

रोगों से घेरा घेरा बदन

पश्चाताप से भरी हुई नींद
खुद को नश्ट करता अहम

6. कौन?

मेरी आँखें पल में समेट गयी
गुजरे पलों का काला साया होगा

मेरे हात काँपते नजर आए
किसी दुश्मन ने हात बढ़ाया होगा

मेरी बाँहें जब सिकुड़ने लगी
किसी मे अपना कोई देखा होगा

साँसों में अलग तेजी आई
टूटा दिल सामने खड़ा होगा

जिंदगी खाली लगने लगी
किसीको बोझ मैंने समझा होगा

कितनी गहराई है उस समंदर मे
मेरे साथ कितनो को समाया होगा

आखरी दर्द में आँखे सुखी थी
जीते जी वह कितना रोया होगा

कितनी मिठी है उसकी खुशियाँ
कर्मो का फल उसका पका होगा

कितनी मिठी है उसकी खुशियाँ
कर्मो का फल उसका पका होगा

7. गम

सताये जा रहे है वो दिन हमदम
पल भर की खुशियाँ पल भर के गम

घड़ियों का भी वक़्त पिछड़ा गया
आगे आगे है मेरे पल भर के गम

दिन और रात, रात और दिन की जिंदगी
साथ साथ बिताते हैं पल भर के गम

घुटने टिकाने लगती है लंबी खुशियाँ
जब गुजरते है मेरे पल भर के गम

रोशनी मांग रही है मेरी कहानी पर
जकड़े है अंधेरे से मेरे पल भर के गम

8. मेरे अंदर

उठ खड़ा होताहुजब
दिल बैठा बैठा सा लगता है

भरी महफ़िल में कदम रखते ही
खाली खालीपन सा लगता है

माना की बाहर जश्न का है माहौल
आलम आलम तो अंदर उदासी का लगता है

मन करता है कही चला जाऊँ मैं
कही कही का नही रहने का सा लगता है

फेक ही देता हूं मेरे दिल को कही
ये टूटा टूटा दवा मरहम सा लगता है

तरस क्यों नही खाते लोग मुझ पर
मुझे दिल मे मरा मारा सा लगता है

9. हादसा

ना बाटें दर्द जे किस्से लोगो से जब
दुखों का बोझ सर चढ़ा पाया हमने

प्यारा सा झूठ पकड़ा जाता रहा मेरा
बनावट हसी खुद में दफ़्न कर दी हमने

क्या हासिल हुआ सच्चाई से चलने से
अब इंसानियत में मिलावट कर दी हमने

छोटे शब्दों के बड़े मायनो से
धोके बार बार खाये हमने

जब उनको फुरसत थी तो हमने न दी
वक़्त को सहूलियत तोलने की दी हमने

दिल के दरवाजे पर दस्तक हुई कई बार
दरवाजा खोलने में देरी की हमने

बोलने की चाह थी ख़ामोशी में बहुत
साथ शब्दों की महसूस की हमने

मेरे दिल के क़त्ल किये इतनों ने
हर महफ़िल में अलग क़ातिल पाया हमने

उदास हसी है मेरे सपनों में उसकी
संजीतगी पर प्यार कभी खर्च किया था हमने

10. वजूद

ये भागते कदम अनेक ठिकाना एक
जाना मुझे भी वही है क्या?

यह अपनापन यह दिललगी यह परवाह
मेरा भी कोई इस जमाने मे है क्या?

ये रंग ढंग लोगों के चाल चलन
इंसान मुझे में भी बाकी है क्या?

यह आँखों का पानी यह दर्द भरी चिंघाड़
मेरे अंदर भी लाल कुछ बहता है क्या?

ये साथ साथ हातों हातों में हात
पीछे मेरा कोई छूट गया है क्या?

ये अलग अलग चेहरे अलग स्वभाव
मेरा भी यहाँ कोई किरदार है क्या?

11. सागर

कही उखाड़ दी जमीन कही उजाड़ दी मकाने
कभी तुझसे इंसान के पैर नही चूमते थकते

हीरे मोती और कितने तेरे अंदर गुजरे जमाने
थमी नही सास की लाश को किनारे लगते

बार बार मिलना और लगा लगा के ठहाके
रेत के गरगज को धोखे से गिराते मिटाते

झुकने लगती जब रेत पर इंसान की थकाने
तेरे भ्रम इधर उधर उसे भटकाते बहकाते

ढूंढने लगता जब इंसान जमीन के तेरे ठिकाने
कुछ खो जाते कुछ आधी अधूरी खोजे लाते

प्यासा प्यासा मंजर आता जब तड़पाने
तरस भी नही खाता खारेपन को तेरे चखाते

इंसान के अस्तित्व को पूरी तरह मिटाने
थकता नही तू नई जीवों को पालते पोसते

12. यार

ख्वाहिशें मेरे अंदर
पाने की चाह तेरी थी

टूटा जब दिल मेरा
धड़कने तेरी थी

मुश्किले जीता मैं
हौसलों की पुकार तेरी थी

पाते ही मैंने सबकुछ
खुशियों की बौछार तेरी थी

मेरे खाली आसामान में
तारों की सजावट तेरी थी

मांगा मांगा फिरा जब
भारी झोली तेरी थी

हारा हुआ मैं जहाँ
कंधे पे थाप तेरी थी

जिंदगी के बदलाओं में
स्थिर नियत तेरी थी

वक़्त गुज़र गया जब
पलों में छाप तेरी थी

13. हम

थोड़ी फुरसत मिले
तो बैठ जाये हम

यादों के आंगन में
सैर पर जाये हम

काम से करे दूरी
रिश्ते निभाये हम

चाँद की सवारी पे
तारों को छू जाए हम

मंजिल की फिक्र छोड़
चल गुम हो जाये हम

वक्त को धीमा करके
यू गुजर जाए हम

दूसरों पर प्यार करे
आइने में मुकुराये हम

छोटी छोटी चीज़ों में
बड़ी खुशी पाए हम

अपनी चुप्पी से
बहुत बोल जाए हम

अकेलेपन को लांघ कर
भीड़ जुटाए हम

कैद ना करे पलों को
आज़ाद जी जाए हम

रातों के चैन की नींदों में
ख्वाबों में भी सुस्ताये हम

पढ़ते पढ़ते ध्यान को भी
कल्पनाओ से मिलाएं हम

थोड़ी फुरसत मिले
तो बैठ जाये हम

जीवन की सच्चाई से
झूठा खेल रचाये हम

14. एक बात

बात कुछ ऐसी थी की
सो सका ना मैं की वजह कुछ ऐसी थी
खुद को कमरे में बंद कर
कसकर कड़ी लगाई थी
सोच सोच कर कुछ
अक्ल मेरी परेशान थी
बात कुछ ऐसी थी की
सो सका ना मैं की वजह कुछ ऐसी थी

मेरे अपनो के साथ कि मैंने बातें थी
उनपर लगाए मैंने आरोपों की बरसात थी
जरा भी ना माथे पे शिकन
ना बोलने में डगमगाहट थी
टुकड़े टुकड़े टूटे
लाचारी में डूबे जैसी उनकी दशा थी
बात कुछ ऐसी थी की
सो सका ना मैं की वजह कुछ ऐसी थी

घाव दिए नसों को मैंने छुरे से
जब मैंने पाया मेरे शब्दों को

शर्म के मारे झुकें झुकें से
मैने गले को घोटा बड़ी तबियत से
फिर भी बच गया मैं
खुद को मरा हुआ पाने से
बात कुछ ऐसी थी की
सो सका ना मैं की वजह कुछ ऐसी थी

लिखकर खत बड़ी पछताई से
नज़रो से बचकर शर्मंदगी से
सोचकर मिलेगी माफी उनके अच्छाई से
अब निकल पड़ा मैं अंधेरी रास्तों से
युही भटकने या गुम हो जाने की चाह से
घबराहट के मारे लतपत होता पसीने से
कहा कि और कोनसा रास्ता
अनजान मंजिल से
बात कुछ ऐसी थी की
सो सका ना मैं की वजह कुछ ऐसी थी

15. गायब

अब दर्द की आह
जख्म की परवाह
मेरी रूह की चाह
नही रही
अब चेहरे वो बदन बदलने लगे है

बातों में सच्चाई
गलतियों की रिहाई
मुझ से अच्छाई
नही रही
अब अल्फ़ाज़ वो मायने बदलने लगे है

बातें सुहानी
मेरी कहानी
अनकही ज़ुबानी
नही रही
अब किस्से वो हकीकतें बदलने लगे है

मेरा हात
मेरा साथ

मेरी बात
नही रही
अब शख्स वो हिस्सों में बटने लगे है

खुशियों की बरकत
झूठी सी शराफत
मीठी सी मुस्कुराहट
नही रही
अब शफकत वो रिश्ते बदलने लगे है

16. साज़िश

पंखुड़िया महके रिश्तों की जब
काँटो की शक्ल में उभर आता है कोई

मौत का फासला कम लगने लगे जब
जायदाद के पेपर थमाता है कोई

मंजिल के करीब पहुचने लगे जब
रास्ता मोड़ के रख देता है कोई

रफ्तार पकड़ने लगे होड़ में जब
नुकीला खंजर उछालता है कोई

सुलगने लगे दिया अंधेरे में जब
हवा में फूंक मार देता है कोई

17. एक सूक्ष्म जीव

खा कसम दे सितम कितना भी तू दृढ़ हो
तुझपर फतेह हमारी एकहि मुकाम है

हो धुंआ धुंआ डरा हुआ जा पहुँच अर्श को
तुझपर फतेह हमारी एकहि मुकाम है

है झूट तू फुटकर सहारा ले धर्म को
तुझपर फतेह हमारी एकहि मुकाम है

अस्ति तेरी तंग कर नींद तेरी रौंद कर
तुझपर फतेह हमारी एकहि मुकाम है

जा दूर हो डर जरा हमारे क्रोध को
तुझपर फतेह हमारी एकहि मुकाम है

बेखबर सूक्ष्म तू तीक्ष्ण हमारे लक्ष को
तुझपर फतेह हमारी एकहि मुकाम है

हात हमारे साथ साथ अकेला है तू देश में
तुझपर फतेह हमारी एकहि मुकाम है

एकता हमारी विशेषता बंद तेरी शृंखला
तुझपर फतेह हमारी एकहि मुकाम है

तू एक है कष्टता तय है तेरी नष्ठता
तुझपर फतेह हमारी एकहि मुकाम है

18. पथ्थर दंगेवाला

मुद्दा गरम उठा है
गुस्से का उबाल आया है

भीड़ यहाँ वहाँ जुटेंगी
सिसकिया गूंज उठेगी

आज फिर
जवान रास्ता खोएगा
आज फिर
मेरे हातो ख़ून बहेगा

भागदौड़ मचेगी
खिड़कियाँ टूटेगी
दुकाने लूटेगी
लपटे उठेगी
लाशें बिछेगी

कोई हात मुझे उठाएगा
आसमाँ में उछाला जाएगा
मुझसे कोई टकराएगा

प्रसाद केलकर

मैं किससे टकराऊँगा

राजनीतिक दबाव आएगा
धर्म अधर्म मिलाया जाएगा
रंग रूप पूरा बदल जाएगा
एक दूसरे से लड़ाया जाएगा

फिर कोई हात मुझे उठाएगा
आसमाँ में उछाला जाएगा
मुझसे कोई टकराएगा
मैं किससे टकराऊँगा
किस्सा चलता जाएगा
मेरे हातो लहू बहता चला जाएगा

19. एक दीप

सरहदों पर साँसों की
बाजी लगाए जीते है
जवानों के जज्बे को
हम दिल से सलाम करते है
चलो आज दीप जलाते है

जमीन की चुबन धूप की तपन
युही भूल जाते है
किसानों के मेहनत को
हम दिल से सलाम करते है
चलो आज दीप जलाते है

गिर कर भी उठ खड़े हो
विरोधियों को चित कर देते है
खिलाड़ियों के उस जिद को
हम दिल से सलाम करते है
चलो आज दीप जलाते है

धूल मिट्टी के घेरे में
स्वच्छता सदा रखते है

कर्मचारियों के परिश्रम को
हम दिल से सलाम करते है
चलो आज दीप जलाते है

मौत के पक्के चंगुल से
लोगों को छुड़ा ले आते है
वैद्यो के सामर्थ्य को
हम दिल से सलाम करते है
चलो आज दीप जलाते है

असफलतायों से निडर हो
कोशिशें जारी रखते है
युवायों के उस चाह को
हम दिल से सलाम करते है
चलो आज दीप जलाते है

आँच आये राष्ट्र पर जब
एकजुट होकर लढते है
भारतीयों के संघर्ष को
हग दिल से सलाम करते है
चलो आज दीप जलाते है

20. होता है

अकेलेपन के सोहबत में
आयने में झांकना होता है

जिम्मेदारी जब सर चढ़ कर बोले
वादों का रिश्ता निभाना होता है

आहटे, गूंज जब सुनाई नही देती
रास्तों में निशान देखना होता है

बोलती खामोशी जब चुप रह जाती है
आँखों को ही सुनना होता है

पानी की जब कीमत नही रहती
आँसू को पी लेना होता है

रास्तों में भटक जाए जब
हवा का रुख पकड़ना होता है

दूर से जब निकल जाए जमाना
आसपास खुद को पाना होता है

उठे जब जब हाथ अपनों के
सिर अपना झुकाना होता है

21. इंडिया

खोज है सार्थक तू
इंसानियत से तू भरपूर
मेरी आशयों का तू नूर
बन ख्वाबों का आशिया
तू आगे बढ़ इंडिया

मिट्टी में तेरी खुशबू
अलग अलग सा तू रंगरूप
तेरे दिल मे कीमती वस्तु
रह जा सोने की चिड़िया
तू आगे बढ़ इंडिया

इस छोर से तू शुरू
न रुकने का तू सुरूर
तू है मेरा गुरुर
दे हर कोना तेरा साया
तू आगे बढ़ इंडिया

गूंज रही तेरी पुकार
जाते कल्पना के पार

प्रसाद केलकर

हो रहा विश्व मे संचार
जीत ले पूरी ये दुनिया
तू आगे बढ़ इंडिया

22. इंसानी फ़ितरत

मीठे मीठे बोल
बातों का सफर गोल

आगे आगे आप
बनाके माय बाप

मुँह खुला भूक
असंतुष्टि में चुप

आँखों मे कतरा
सामने जब बकरा

सामने आभार शब्द
पिछे पूरा निशब्द

भूखे कितने लोग
दाता को छप्पन भोग

उंसे ज्ञान का थैला
खुद का मन मैला

अपनों पर नाज
दुसरो पर ऐतराज

कर्म करते झपकी
गंगा में नंगी डुबकी

हात कटा फूक
पीते चिकेन सुप

साँसों में किसीको
धड़कन में किसीको

काम तक तू मैं
श्याम में तू तू मैं मैं

गलतियां है हजार
मानना है बेकार

जिसपर हो लगाव
उसीपर करते घाव

रम में राम
होश में बुरा काम

ऊपरी अता पता
अंदर अलग अस्मिता

पूरे पूरे की मांग
जब भरा हुआ जाम

एक का कम होना
दुनिया भर का रोना

23. रूह

जब मुझे बदन था
तब मेरी ख्वाबों की
गिनती बहोत थी
उसे हकीकत की
दहलीज पर लाने की
मुमकिन कोशिश की

जब मुझे साँसे थी
जीने की तमन्नाएं की
पल पल लड़ाई थी
उसे जीत जाने की
मुमकिन कोशिश की

जब मुझे आँखे थी
खूबसूरती देखने की
बेहद चाहते थी
आँसूओ ने खुशी की
वजह की चाह की

जब मुझे स्पर्श था

आसमाँ में उड़ने की
उसे छूने जाने की
हज़ारो कोशिशें की
हज़ारो ख्वाहिशें की

24. कश्मकश

मिलों दूर का है सफर अभी
रुक जाऊं या चल पड़ू

ये मेरा अपना वो पराया नही
चुनु इसे या उसे चुनु

उमड़ रहा मेरे अंदर भी कुछ
बोल पड़ू या चुप रहूं

ग़मों का पगड़ा भारी है खुशी से
साँस लू या छोड़ दु

मैं हु यहाँ और उस पार भी
सच कहूँ उसे या मैं हु

रूठा अपना अनजान की तरह
समझ जाऊ उसे या समझाऊँ

बिक जाता है सच बताते ही
सिने में रखूँ या बताऊ

होड़ में है मेरे अपने शामिल
दौड़ जाऊ या रुक जाऊ

25. रेखाएं

मेरे भविष्य को समेट कर
लम्हों के रास्तों पर चलते
ग़मों के पथ्थर बीच रखकर
खुशी की हवा से गुजारकर
कभी आँखों मे चुबन बनकर
कभी मुलायम छुअन बनाकर
अंधेरी गली में गुमराह करके
कभी उजाले से अंधा करके
कभी अनजान को मिलाकर
या अपनों को अनजान करके
प्रश्नों के बवंडर से डराकर
जवाबों के फूल बिखेरकर
कभी जीने का सहारा बनकर
कभी मौत का कारण बनकर
सोचते हो,
मेरा जीवन कठपुतली है
और तुम इसे काबू करोगे
तो ये तुम्हारी गलतफमी है

26. कहा हो तुम?

कभी मेरी ख्वाबों में आती तुम
कभी मुझे मुस्कुराहट से लुभाती तुम
कभी हल्के से छूकर जाती तुम
कभी कही अनजान जगह पे
एक झलक दिखलाती
और एकदम से गम हो जाती तुम
बस अब ये छूप्पन छुपाई खेलना छोड़ दो
कहा हो तुम?

तुम दिखते दिखते अदृश्य हो जाना
तुम्हारी पहचान खुलते खुलते रह जाना
मुझे हर घड़ी यू अतिशय तड़पाना
मेरी साँसों और धडकनों में बदलाव बन जाना
अब ये सारी बातें मुझे खलने लगी है
मेरी चाहत कम करने की
कोशिश करने लगी है
तुम्हारी मौजूदगी पर सवाल करने लगी है
कहा हो तुम?

ख्वाबों में जगना तुम्हारे

जागते जागते ख्वाब देखना तुम्हारे
कब तक?
मैं तो महसूस कर लूंगा तुम्हे
बंद आँखों के ख्वाबों में
लेकिन मेरी खुली आँखों का क्या?
वो तो हमेशा से तुम्हे देखने की
आँस लगाए बैठी है
ख्वाबों में हकीकत और
हकीकत के ख्वाब बुनना
कहा तक?
कब तक?
कहा हो तुम?

जाम छलक के मयखाने में
मेरे गम के किस्से सुना के
आँसू को दावत पे बुलाने का
आँसू से मिलकर नशे का
श्रेय लेकर गम भुलाने का
विश्वास दिला दिला कर जो
मेरे अंदर समा रहा था
उस जाम से कई ज्यादा नशा
मेरे आँसू के एक बूंद में था

28. तलाश

कभी ढूंढ ना पाउ मैं
ऐसा न गुम हो जाओ तुम

मैंने रास्तों को मोड़ लिया
तेरी जुल्फों ने जब लहरा दिया
खुशबू ने तेरी मदहोश किया
पायल की झंकार ने
क्यो तेरे दम तोड़ दिया

एक पुकार लगा दो तुम
ख़ामोशी में न तरसाओ तुम
कभी ढूंढना पाउ मैं
ऐसा न गुम हो जाओ तुम

चाँद ने रोशनी को धीमा किया
तारो ने बादलों को ओढ़ लिया
अंधेरे ने खुद को बिखेर दिया
क्यो जुगनुओं ने खुद का
काम भुला दिया

अब आँखों से चमक जाओ तुम
मेरे अश्क ना बहाओ तुम
कभी ढूंढना पाउ मैं
ऐसा न गुम हो जाओ तुम

हवा ने रुख मोड़ लिया
तूफ़ान ने कुछ कह दिया
बिजली ने रुसवा कर दिया
आसमाँ ने इस कदर
क्यो आखिर रो दिया

जलता चिराग ले आओ तुम
टूटा तारा ना मुझे बनाओ तुम
कभी ढूंढना पाउ मैं
ऐसा न गुम हो जाओ तुम

वक़्त शनै शनै जब बीत गया
सूरज ने किरणों को भेज दिया
मेरी खोज अधूरी ना छोड़ो तुम
ऐसा ना गुम हो जाओ तुम

कभी ढूंढना पाउ मैं
ऐसा न गुम हो जाओ तुम

कभी आँखों ढूंढना पाउ मैं
ऐसा न गुम हो जाओ तुम

29. आईना

मेरे हसते चेहरे की परछाईं में
रोते हुए अंदरूनी मन की
गहरी दुखदायक आत्मकथा का
कोई भी सुराग लगाने और
मेरे अंदर झाँकने की कोशिश
हमेशा असफल होती रहेगी

30. इस कदर

मतलब निकलता रहा
या फिर मतलब निकल जाता रहा
मेरी बातों से या फिर मेरे से यू लोगो के
गलतफमियो का बवंडर उमड़ता रहा
इस कदर मैं बरसों से लोगों को खोता रहा
की बिन सोचे शब्दों के चुनता रहा

हर एक छोटी बात को समजता
या फिर दिल और जान से सिखाता रहा
बात करने के तरीके, चाल चलन,
या फिर किसीको मिलने के सलीके
सीखने की जद्दोज़हद मैं करता रहा
इस कदर मैं बरसों से लोगों को खोता रहा
की बिन सोचे शब्दों के चुनता रहा

हमेशा लोगों पर भरोसा बिखेरता रहा
हर एक बात, कहानी, राज मेरे
यू लोगों के हवाले मैं करता रहा
इस कदर बरसों से बरसों को खोता रहा
बिन सोचे मैं शब्दों को चुनता रहा

लोगों पर विश्वास मैं छिड़कता रहा
फ़ितरत से अनजान लोगों की
मेरे पीठ पीछे बार बार वार होता रहा
लेकिन हर बार दिल को मैं लहूलुहान पाता रहा
इस कदर बरसों से लोगों को खोता रहा
बिन सोचे मैं शब्दों को चुनता रहा

मैं दुसरो के जज्बात को समजता रहा
सोच में पड़ा मेरी पहुँच में हमेशा देर होता रहा
जब कभी लोगो तक पहुँचता
मैं हर एक दरवाजा बंद पाता रहा
इस कदर बरसों से लोगों को खोता रहा
बिन सोचे मैं शब्दों को चुनता रहा

कुछ इस कदर मैं अमीरी दिखाता रहा
लोगों को लोगों से मिलाने का
मैं एक सुंदर से जरिया बनता रहा
और खुद को अकेलेपन के गरीबी में पाता रहा
इस कदर बरसों से लोगों को खोता रहा
बिन सोचे मैं शब्दों को चुनता रहा

दिलकशी से उन्स का सफर
चुटकियों में तय करता रहा
गिरता संभालता मोहब्बत की और
हमेशा शय और मात पाता रहा
इस कदर बरसों से लोगों को खोता रहा

बिन सोचे मैं शब्दों को चुनता रहा

कुछ अधिकतम होता गया
कुछ अधिकतम मैं करता रहा
मेरे प्यार के जरिये से
या फिर मेरे नफरत के तरीके से
यू लोगों के क्रोध को मैं जगाता रहा
इस कदर बरसों से लोगों को खोता रहा
बिन सोचे मैं शब्दों को चुनता रहा

हर एक दूसरा बनने की चाह में
खुद को बदलाव के हवाले मैं करता रहा
हर एक अक्स मेरा खुद को खुद ही में
यू तिनका तिनका मारता रहा
इस कदर बरसों से लोगों को खोता रहा
बिन सोचे मैं शब्दों को चुनता रहा

लोगो के ठहराव के लिए
बिन्नते हज़ारो मैं करता रहा
खुदा के अदालत में हमेशा फैसला
उन लोगो के तरफ होता रहा
लोग न रुके उनकी यादें मैं हमेशा पाता रहा
इस कदर बरसों से लोगों को खोता रहा
बिन सोचे मैं शब्दों को चुनता रहा

मैं किसीकी आहट सुनने के अरमान से
मेरे दिल का दरवाजा हमेशा खुला रखता रहा

आकर दस्तक देगा मैंने सोचा
मैं हमेशा मुंतजिर होता रहा
इस कदर बरसों से लोगों को खोता रहा
बिन सोचे मैं शब्दों को चुनता रहा